FACULTÉ DE DROIT DE PARIS.

THÈSE
POUR LA LICENCE.

L'ACTE PUBLIC SUR LES MATIÈRES CI-APRÈS SERA SOUTENU LE MERCREDI
27 AOUT 1828, A 3 HEURES,

Par Adolphe Louis BRAULT,

NÉ A PARIS (DÉPARTEMENT DE LA SEINE).

Président,	M. DEMIAU,	
Suffragants,	MM. BLONDEAU, DURANTON,	} Professeurs.
	DUFRAYER, PONCELET.	} Suppléants.

Le Candidat répondra en outre aux questions qui lui seront faites sur les autres matières de l'enseignement.

PARIS,
IMPRIMERIE D'HIPPOLYTE TILLIARD,
RUE DE LA HARPE, N° 78.

1828.

OPTIMÆ AVIÆ

MANIBUS.

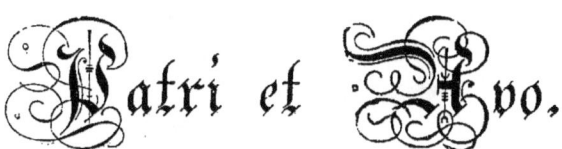

JUS ROMANUM.

DE AQUA ET AQUÆ PLUVIÆ.

Dig., lib. xxxix, tit. 3.

Quum in hâc materie de aquâ et aquæ pluviæ actione quæratur, id primùm nobis proponemus, ut scilicet quid sit aqua pluvia videamus; deindè quæ sit aquæ pluviæ arcendæ actionis definitio; quandò huic locus sit; qualis sit, cui et adversus quem competat, et quid in eâ veniat præstandum.

Aqua pluvia dicitur quæ de cœlo cadit, atque imbre excrescit, sive per se hæc aqua cœlestis noceat, sive cum aliis mixta (leg. 1).

Imbre autem crescere ea aqua dicitur, quum colorem mutat, vel increscit (1. 1, § 16).

Aquæ pluviæ arcendæ actio, ut generaliter loquamur, est jus fundi vicini domino, contra vicini fundi dominum, datum, quo aquæ per se non naturaliter fluentes avertantur.

ARTICULUS PRIMUS.

Huic ut locus sit, hæc concurrere oportet : 1º ut immittatur aqua ; 2º ut sit aqua pluvia; 3º ut ager sit in quem immittatur; 4º ut immittatur manufacto opere, non verò fluat naturaliter ; 5º ut non jure servitutis; 6º ut non necessitate cogente :

1º *Ut immittatur aqua.*

Non est huic actioni locus, nisi cùm aqua quæ nocet immittitur, non vero cum ea quæ prodesset avertitur.

Cæterùm immitti aqua videtur, non solùm cùm derivatur, sed et cùm repellitur.

2º *Ut sit aqua pluvia.*

Solummodò huic actioni locus est cum de aquâ pluviâ agitur, et, ut definitionem repetamus, aqua pluvia dicitur quæ de cœlo cadit atque imbre crescit; crescere autem imbre intelligitur, si colorem mutaverit, vel increverit.

Aquis igitur currentibus vel calidis si damnum perceperim, non erit huic actioni locus.

3º *Ut ager sit in quem mittatur.*

Sciendum est hanc actionem non aliàs locum habere quam si aqua pluvia agro noceat: nam si oppido vel ædificio noceat, sunt aliæ actiones quibus uti licet. Agi ità autem poterit, jus non esse stillicidia flumina immittere; undè dictum fuit specialem esse pluviæ aquæ actionem.

4º *Ut immittatur manufacto opere et non naturaliter.*

Illa actio locum habet damno nundùm facto, opere tamen jam facto ex quo damnum potest timeri.

Nec igitur quodvis opus manufactum huic actioni locum dat; nam Sabinus et Cassius opus manufactum in hanc actionem, venire putant nisi si quid agri colendi causâ fiat.

5º *Non jure servitutis.*

Nam si quis mihi cesserit jus me illi aquam immittendi, aquæ pluviæ actione mecum agere non poterit.

6º *Et non cogente necessitate.*

Si vicinus flumen aut torrentem averterit ne aqua ad eum perveniat, et hoc modo sit effectum ut vicino noceatur, agi cum eo aquæ pluviæ non posse; aquam enim arcere hoc esse curare ne influat.

Et cæterùm in summa tria sunt per quæ inferior locus superiori servit: lex, natura loci, et vetustas.

ARTICULUS SECUNDUS.

Sciendum est aquæ pluviæ actionem, non in rem, sed personalem esse; specialem cùm solùm ad aquam pluviam pertineat.

ARTICULUS TERTIUS.

Actio aquæ pluviæ non directa datur, nisi dominis contrà dominos.

Competit domino fundi cui aqua nocet, et in dominum fundi ex quo aqua nocet, nec cuilibet alteri nec in quemlibet alterum.

Si autem plures sint domini ex quorum fundo aqua noceat, singuli in partem conveniuntur, et in partem fit condemnatio.

Si plurium fundo noceatur, singuli in partem experiuntur et in partem fit condemnatio.

Quibusdam non dominis, et adversùs alios quam dominos utilis actio competit.

ARTICULUS QUARTUS.

Si ego opus manufecerim ex quo aqua pluvia fundo tuo noceat, mea teneor impensa tollere; si me nesciente alius fecerit, patientiam præstare sufficit, si mihi damni infecti stipulatione caveatur.

Duæ exceptiones : Cùm servus aut is cujus heres sum opus fecit.

Is cum quo aquæ fluviæ arcendæ actione agitur quod opus fecit, licet cedere loco paratus sit, cogitur accipere judicium; quoniam et suo nomine convenitur ut opus tollat. Aliud est in bonæ fidei emptore.

Non aliter rem restituisse videtur is qui opus fecit quam si aquam coerceat.

Officium autem hoc judicis erit ut jubeat opus restituere, damnatumque sarcire, si quid post litem contestatam datum sit.

In hoc judicium futurum damnum venit.

DROIT FRANÇAIS.

SERVITUDES.

(637 — 711.)

Tout en proclamant la liberté de la propriété, les rédacteurs du Code ont mis quelques restrictions à cette liberté même. Ainsi, l'art. 544 dit que la propriété est le droit de jouir d'une chose « de la manière la plus » absolue, pourvu qu'on n'en fasse pas un usage prohibé par les lois et » les réglements. »

Mais comment concilier le droit de disposer d'une chose de la manière la plus absolue, avec les entraves apportées à l'exercice de ce droit, avec ces subjections aux lois et aux réglements? N'y a-t-il pas là opposition? n'y a-t-il pas là antinomie?

Elles seront faciles à résoudre par la position de l'homme en société, qui n'est libre qu'autant qu'il est soumis, qui ne possède qu'autant qu'il donne, et qui, dans l'exercice de tous ses droits, fait, pour conserver le tout, le sacrifice d'une partie.

Ces principes, auxquels se sont jointes des considérations d'équité, d'utilité publique et particulière (638, 639, 649), ont déterminé la loi à conserver les servitudes, non pas telles qu'elles étaient autrefois, mais changées, mais modifiées, mais basées sur ce principe consacré par

toutes les législations qui se sont succédé : « Que la terre est libre
» comme les personnes qui l'habitent ; qu'ainsi, toute propriété territo-
» toriale ne peut être assujettie envers les particuliers qu'aux redevances
» et charges dont la convention n'est pas défendue par la loi ; et envers
» la nation, qu'aux contributions publiques établies par le corps législa-
» tif, et aux sacrifices que peut exiger le bien général, sous la condition
» d'une juste et préalable indemnité (544, 637). »

Rechercher avec attention les rapports que les diverses propriétés ont entre elles, régler leurs droits, et par conséquent ceux des propriétaires, prévenir, éviter ainsi une foule de contestations, tel est le but que la loi se propose.

Elle définit la servitude, une charge imposée sur un héritage pour l'usage et l'utilité d'un héritage appartenant à un autre propriétaire (637).

L'héritage à qui est due la servitude s'appelle dominant ; l'héritage qui la doit se nomme servant, sans qu'il y ait pour cela aucune prééminence (638, 6 octobre 1791).

Il suit de là :

Que les servitudes ne peuvent être établies qu'en faveur d'un fonds ;

Qu'elles ne s'exercent que sur un fonds dont on n'est pas propriétaire.

La loi reconnaît trois sources d'où dérivent les servitudes :

1º De la situation naturelle des lieux ;

2º Des obligations imposées par la loi ;

3º Des conventions entre propriétaires.

Ce sera l'objet de trois chapitres :

Le premier relatif aux servitudes provenant de la situation naturelle des lieux ;

Le deuxième, à celles résultantes des obligations imposées par la loi ;

Le troisième, à celles qui naissent du fait de l'homme.

CHAPITRE PREMIER.

Ce chapitre s'occupe de trois choses distinctes :
1º De ce qui concerne les eaux ;
2º Du droit de se clore ;
3º Du droit de parcours.
Ce sera le sujet de trois sections.

SECTION PREMIÈRE.

Cette section s'occupe :
1º De l'assujettissement des fonds inférieurs à recevoir l'écoulement des fonds supérieurs ;
2º Des sources qui se trouvent dans un fonds, et du droit qu'en a le propriétaire ;
3º Des eaux qui traversent un héritage, et de l'usage que peut en faire celui auquel il appartient.
Ils feront la matière de trois paragraphes.

§ I.

Les fonds inférieurs sont assujettis envers ceux qui sont plus élevés, à recevoir les eaux qui en découlent naturellement, sans que la main de l'homme y ait contribué (640).

De là deux obligations relatives, l'une au propriétaire du fonds supérieur (de ne rien faire qui aggrave la servitude) ; l'autre au propriétaire du fonds inférieur (de ne point élever de digue qui puisse empêcher l'écoulement) (640).

§ II.

En général, toute personne qui a une source dans un fonds peut en user à sa volonté. Deux exceptions à ce principe :

1° Lorsqu'un tiers a acquis un droit à la source (641);

2° Lorsque la source fournit au besoin d'une commune, village ou hameau (643).

§ III.

Celui dont la propriété borde une eau courante peut s'en servir à l'irrigation de ses propriétés.

Celui dont l'eau courante traverse l'héritage peut en user, à la charge de la rendre à son cours ordinaire (644).

Par eaux, la loi entend toutes celles qui ne sont pas comprises dans l'art. 538.

La loi règle le mode de juger dans les contestations qui s'élèveraient au sujet de ces eaux (645).

SECTION DEUXIÈME.

La loi, qui cherche toujours à écarter l'indivision, veut que tout propriétaire puisse obliger son voisin au bornage de leurs propriétés contiguës : comme ce bornage est dans l'intérêt des deux, il est juste qu'il soit fait à frais communs (646).

SECTION TROISIÈME.

En principe, tout propriétaire peut se clore. Une exception dans le cas énoncé par l'art. 668. Le propriétaire qui veut se clore perd son droit au parcours et vaine pâture, en proportion du terrain qu'il soustrait.

CHAPITRE II.

Aux servitudes naturelles, la loi fait succéder celles qu'elle a créées dans le but de l'utilité publique, ou communale ou particulière (649).

Ici une division toute simple :

1° Servitudes pour l'utilité publique ou communale ;

2º Pour l'utilité particulière. Au nombre des premières, la loi met le marche-pied le long des rivières navigables ou flottables, les réparations des chemins et autres ouvrages publics ou communaux. Ils sont réglés par des lois particulières; nous ne nous en occuperons pas (650).

La loi permet à l'homme d'établir des servitudes, dans le chapitre 3 du présent titre; il en est auxquelles elle assujettit les propriétaires à l'égard les uns des autres, indépendamment de toute convention (651).

Toutefois, il est une chose qu'il faut remarquer ici, c'est que toutes les servitudes que nous allons énumérer ne sont pas des servitudes à proprement parler, si l'on considère la définition (637). Elles s'appliquent, pour la plupart, à la communauté de la propriété, à la manière de la constater elle-même, et d'en déterminer le mode et la jouissance; du reste, elles sont entièrement dans l'intérêt des particuliers.

Ce chapitre est divisé en quatre sections :

La première s'occupe des murs mitoyens et de ceux qui s'y rapportent;

2º Au cas où divers étages d'une maison appartiennent à plusieurs divisément;

3º Aux fossés mitoyens ou non;

4º Aux haies mitoyennes ou non;

5º A la distance à observer dans la plantation des arbres et des haies. Cette première section sera donc composée de cinq paragraphes.

§ I.

Nul n'est tenu de rester dans l'indivision, d'où la permission de se clore; les différentes manières de le faire sont : murs, fossés mitoyens et haies mitoyennes.

Dans les villes et les campagnes, tout mur servant de séparation entre bâtiments jusqu'à l'héberge, ou entre cour et jardin, et même entre clos dans les champs, est présumé mitoyen s'il n'y a pas titre ou marque du contraire (653, 654). Il est dans l'intérêt des deux propriétaires. Les frais de construction et réparations doivent donc être supportés en commun.

En abandonnant sa part du mur mitoyen, un propriétaire peut se dispenser de contribuer aux réparations. Une exception : si le mur soutient un bâtiment à lui appartenant (656).

Le mur mitoyen appartenant à deux propriétaires peut donc être employé aux usages qu'ils jugeront leur être plus convenable, sans que cependant ceux-ci puissent nuire à l'un d'eux.

C'est ce que la loi a établi dans les art. 657, 658, 659 et 662.

Du principe établi dans l'art. 815, il suit que tout propriétaire dont l'héritage est voisin d'un autre borné par un mur, peut rendre ce mur mitoyen, soit pour la totalité, soit pour partie, en se conformant aux conditions renfermées dans l'art. 661.

L'exhaussement du mur peut aussi devenir mitoyen, aux conditions renfermées dans l'art. 660.

Lorsqu'il s'agit de fonds de terre sis au milieu des campagnes, le mur peut être mitoyen ou non ; dans les villes, les faubourgs, chacun peut contraindre son voisin de contribuer aux constructions et réparations de leurs maisons, cours et jardins assis èsdites villes et faubourgs : la hauteur de ces murs, à défaut d'usages constants et reconnus, est réglée par la loi (663, 665).

§ II.

Lorsque les divers étages d'une maison appartiennent chacun à un propriétaire différent, à défaut d'autres conventions établies dans le titre de propriété, la loi indique l'ordre dans lequel doivent être faites les constructions et réparations.

Lorsque l'on reconstruit une maison, les servitudes actives ou passives se continuent à l'égard de la nouvelle maison, sans que toutefois elles puissent être aggravées.

Une exception : si la prescription était acquise avant la reconstruction (665).

§ III.

La ressemblance, sauf quelques points, du fossé au mur mitoyen, fait que les principes qui régissent l'un sont applicables à l'autre.

§ IV.

On peut dire encore la même chose pour ce qui concerne la haie mitoyenne ; une de ses différences principales est en ce qui a rapport à la prescription.

§ V.

Il n'est permis de planter des arbres de haute tige et autres arbres et haies vives qu'à une distance que la loi fixe (à défaut d'usages constants et reconnus, ou lois et réglements) à deux mètres pour les arbres de haute tige, et un demi-mètre pour les autres arbres et haies vives.

Son but, en fixant ces limites, a été de garantir les terrains adjacents du dommage que des arbres pourraient causer, soit par l'ombre de leurs branches, soit par l'extension de leurs racines ; d'où il suit que le voisin aura le droit de forcer le propriétaire de faire arracher les arbres plantés à une moindre distance, de couper les branches des arbres qui, plantés à la distance voulue, viendraient le gêner, et de couper les racines, si elles s'avançaient jusque sur son héritage.

La haie mitoyenne étant commune, les arbres qui se trouvent au milieu d'elle pourront être arrachés sur la demande d'un des propriétaires.

SECTION DEUXIÈME.

L'obligation de ne porter aucun préjudice à son voisin, et même de n'exposer la chose commune à aucun danger ni à aucune dégradation, entraîne certaines précautions : ainsi, celui qui veut faire creuser un puits ou une fosse d'aisance près d'un mur mitoyen ou non, qui veut y construire une cheminée ou âtre, forge, four ou fourneau, y adosser une étable, établir contre ce mur un magasin de sel ou amas de matières corrosives, doit laisser une distance prescrite par les réglements (674).

SECTION TROISIÈME.

Le droit de regarder hors de l'édifice qu'on habite est une conséquence de la propriété ; mais il faut que le point sur lequel il s'exerce immédiatement soit un objet dont nous soyons propriétaire; car le droit d'être libre chez soi est aussi une conséquence de la propriété ; d'où il suit que l'un des voisins ne peut avoir de vue immédiate sur la propriété de son voisin, si celui-ci n'y a consenti, ou n'en a laissé acquérir le droit.

La vue diffère des jours.

La vue est, pour l'ordinaire, d'agrément ou d'utilité ; les jours sont de nécessité absolue.

C'est cette distinction qui explique les art. 675, 676, 677, 678, 679 et 680. On voit que la loi, tout en accordant aux besoins d'un propriétaire, a considéré aussi celui du propriétaire voisin. C'est dans ce but qu'elle a déterminé la forme, la hauteur des jours ou fenêtres dans les différents cas qu'elle détermine.

SECTION QUATRIÈME.

Tout fonds inférieur à un autre fonds, avons-nous dit, doit recevoir les eaux qui en découlent naturellement, pourvu que la main de l'homme n'y ait pas contribué (640). Les égoûts des toits étant le fait de l'homme, il en résulte qu'ici le principe n'est pas applicable, et que le propriétaire doit s'arranger en sorte que l'eau provenant de son toit découle soit sur sa propriété, soit sur la voie publique.

SECTION CINQUIÈME.

La loi accorde au propriétaire dont le fonds est enclavé, et n'a aucune issue sur la voie publique, de réclamer, sur le fonds de son voisin, un passage pour l'exploitation de son héritage, à la charge d'une indemnité (682).

Dans l'intérêt des deux propriétaires, ce passage doit être du côté où le trajet est le plus court du fonds enclavé à la voie publique (683).

Il doit être cependant fixé dans l'endroit le moins dommageable à celui sur le fonds duquel il est accordé (684).

CHAPITRE III.

SECTION PREMIÈRE.

La loi arrive à ces servitudes qui naissent des conventions ou plutôt du fait des propriétaires. Les servitudes contenues dans ce chapitre ne dépendent que de la volonté des propriétaires.

Elles sont infinies : la loi les autorise toutes, pourvu qu'elles ne soient pas contraires aux principes (686).

La loi indique leur nature, et les objets auxquels elles s'appliquent.

Elles sont continues ou discontinues, apparentes ou non apparentes.

Elles s'appliquent aux bâtiments ou aux fonds de terre : dans le premier cas, elles s'appellent urbaines ; dans le deuxième, rurales.

SECTION DEUXIÈME.

Après avoir vu, dans cette section première, la nature et l'objet des servitudes, il faut examiner qui peut les établir, et comment elles peuvent être établies.

La servitude accordée par le propriétaire étant une modification de cette propriété, il suit de là que les mineurs, les femmes mariées, les interdits, sont frappés à leur égard d'incapacité.

Il faut être majeur, propriétaire, pour créer une servitude sur son fonds.

A défaut de conventions, la loi établit les règles suivantes.

Les servitudes continues apparentes s'acquièrent par titre ou par prescription, ou par destination de père de famille (690, 692).

Les autres ne s'acquièrent que par titre seulement, ou par la seule intention des parties, appelée destination du père de famille (2229).

L'acte recognitif du propriétaire de l'héritage servant peut remplacer au besoin l'acte constitutif, à l'égard des servitudes qui ne peuvent s'acquérir par prescriptions (695).

Qui veut la fin veut les moyens : ainsi, quand on établit une servitude, on est censé accorder tout ce qu'il faut pour en user (696).

SECTION TROISIÈME.

Le droit et l'exercice du droit étant inséparables, excepté dans les cas indiqués par la loi, il en résulte que celui auquel est due la servitude a le droit de faire tous les ouvrages nécessaires pour en user et la conserver (697).

Comme ils sont dans son intérêt seul, ils doivent être à ses frais, sauf conventions contraires (698).

Il peut s'affranchir des réparations, en abandonnant ses droits (699).

Deux obligations, l'une, relative au propriétaire du fonds servant, de ne rien faire qui tende à en diminuer l'usage, ou à le rendre plus incommode, sauf convention (701).

L'autre, au propriétaire du fonds dominant, de n'user de la servitude que suivant son titre, sans pouvoir rien faire qui aggrave la situation du premier.

SECTION QUATRIÈME.

Après avoir vu comment elles s'établissen, comment elles se conservent, la loi examine comment s'éteignent les servitudes.

De quatre manières :
1º Lorsque l'état des choses est tel qu'on n'en peut plus user (703);
2º Par la confusion (705);
3º Par la remise du titre;
4º Par la prescription (706).

www.ingramcontent.com/pod-product-compliance
Lightning Source LLC
Chambersburg PA
CBHW071426060426
42450CB00009BA/2035